Enojo

Julie Murray

Abdo
EMOCIONES
Kids

abdopublishing.com

Published by Abdo Kids, a division of ABDO, PO Box 398166, Minneapolis, Minnesota 55439.
Copyright © 2017 by Abdo Consulting Group, Inc. International copyrights reserved in all countries.
No part of this book may be reproduced in any form without written permission from the publisher.

Printed in the United States of America, North Mankato, Minnesota.

102016

012017

THIS BOOK CONTAINS
RECYCLED MATERIALS

Spanish Translator: Maria Puchol

Photo Credits: Glow Images, iStock, Shutterstock

Production Contributors: Teddy Borth, Jennie Forsberg, Grace Hansen

Design Contributors: Christina Doffing, Candice Keimig, Dorothy Toth

Publisher's Cataloging-in-Publication Data

Names: Murray, Julie, author.

Title: Enojo / by Julie Murray.

Other titles: Angry. Spanish

Description: Minneapolis, MN : Abdo Kids, 2017. | Series: Emociones |
    Includes bibliographical references and index.

Identifiers: LCCN 2016947316 | ISBN 9781624026096 (lib. bdg.) |
    ISBN 9781624028335 (ebook)

Subjects: LCSH: Anger--Juvenile literature. | Emotions--Juvenile literature. |
    Spanish language materials--Juvenile literature.

Classification: DDC 152.5/7--dc23

LC record available at http://lccn.loc.gov/2016947316

Contenido

Enojo 4

Lo que puedes hacer
cuando estás
enojado 22

Glosario 23

Índice 24

Código Abdo Kids . . .24

Enojo

Nos sentimos exaltados cuando estamos enojados. Ésa es una de las emociones que podemos sentir.

El equipo de Dan perdió el partido. Él se siente enojado.

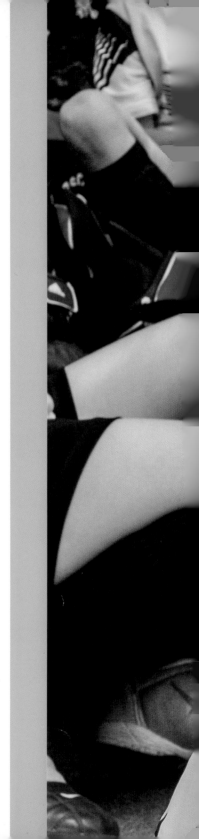

Otra forma de decir enojado
es enfadado.

A Marco lo empujaron y se cayó. Está enojado.

La hermana de Evan le quitó su libro. Él está enojado.

A Bela se le cayó el helado.

Ella se siente enojada.

Sue quiere jugar. Se enoja porque antes tiene que terminar su tarea.

A John lo excluyeron del juego.

Está enojado.

19

¿Cuándo te has

sentido enojado?

Lo que puedes hacer cuando estás enojado

aléjate de lo que te hizo enojar

cuéntale a alguien por qué estás enojado

cuenta hasta 30 ó hasta que te hayas calmado

juega al aire libre

Glosario

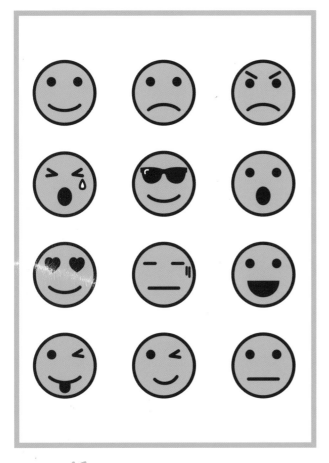

emoción
sentimiento fuerte.

exaltado
alterado por sentimientos de gran
felicidad o mucho enojo.

Índice

emoción 4

empujar 10

enfadado 8

excluido 18

perder 6

sentir 4

tarea 16

abdokids.com

¡Usa este código para entrar en abdokids.com y tener acceso a juegos, arte, videos y mucho más!

Código Abdo Kids:
EAK5222

24